Alfred

Alfred

Alfred

Alfred

Alfred

Alfred

Alfred

Alfred

Alfred

Alfred

Alfred

Alfred

Alfred

Alfred

Alfred

Alfred

Alfred

Alfred

Alfred

Alfred

Alfred

Alfred